L'ORACLE DE
La Bonne Aventure

DE LA MÊME AUTEURE, CHEZ LE MÊME ÉDITEUR

L'Oracle des contrats d'âmes, 2024.
L'Oracle des 12 guidances astrologiques, 2023.
L'Oracle de la Terre d'Ankaa, 2023.
L'Oracle des petits magiciens, 2021.
L'Oracle de la Flamme d'Ankaa, 2021.
L'Oracle des Medeores, 2021.
L'Oracle d'Ankaa, 2020.

Le Grand Livre des Power Soins, 2023.
Journal de ma lignée familiale, 2022.
Le Grand Livre des 12 libérations énergétiques, 2021.
Merci connard !, 2021.
Karma bitch, 2020.

Illustrations : © Chloé Cres.
Maquette et mise en pages : Marie Brosseau — PCA-CMB.

ISBN : 978-2-7029-2901-8

Imprimé en Chine.

www.editions-tredaniel.com
info@guytredaniel.fr
www.facebook.com/tredanieleso
@tredaniel_eso

Stéphanie Abellan
Illustrations de Chloé Cres

L'ORACLE DE La Bonne Aventure

LE COURRIER
DU LIVRE
27, rue des Grands-Augustins
75006 Paris

SOMMAIRE

LES PRÉDICTIONS DE LA BOHÉMIENNE, PAR CARTE ET PAR CORNER

INTRODUCTION

L'*Oracle de la Bonne Aventure* est un oracle s'inspirant de l'univers des bohémiens. Il vous permettra de recevoir des informations telles que les capterait une voyante de bonne aventure officiant dans sa roulotte.

Pour chaque carte, vous trouverez quatre corners différents incarnant les quatre énergies des prédictions :

- le corner de l'impermanence, avec le symbole du vent, vous indique que l'énergie est fluctuante, incertaine, changeante ;
- le corner de la protection, avec le symbole de la main de Dieu, vous indique que l'énergie est puissante, protectrice, divine ;
- le corner du blocage, avec le symbole de la croix et de l'épée, vous indique que l'énergie est bloquée, prostrée, à l'arrêt ;

- le corner de la lumière, avec le symbole du soleil, vous indique que l'énergie est positive, vibrante, encourageante.

À chaque fois que vous allez piocher l'une des cinquante cartes, prêtez particulièrement attention au corner qui vous attire : selon l'angle par lequel vous allez l'attraper, votre prédiction peut changer !

Je vous propose quatre types de tirages différents :

- le tirage flash pour avoir une réponse immédiate à une problématique ;
- le tirage des cinq prédictions de la bohémienne, qui, à l'image des flashs d'une diseuse de bonne aventure, vous donnera plusieurs prédictions pour vous permettre de mieux vous situer dans votre problématique et d'y voir plus clair ;
- le tirage des cinq secrets de la bohémienne pour un tirage plus approfondi ;

- et, enfin, le tirage classique pour recevoir une réponse directe à votre question en consultant le message écrit sous chaque carte.

LES QUESTIONS LES PLUS FRÉQUENTES

COMMENT INTERPRÉTER CHAQUE CARTE ?

L'énergie de chaque carte associée à chacun des corners est unique. Pour réussir à retranscrire la vibration de chaque association, je vous propose plusieurs mots-clés. Bien souvent, un seul mot-clé vous concerne ; par exemple, si vous posez une question sur les relations amoureuses et que vous piochez la carte de la prison avec le corner du vent, vous trouverez trois mots-clés : suffocation, mal-être, sentiment de solitude. Selon que vous soyez en couple ou célibataire, un ou plusieurs mots-clés pourraient vous parler. Suivez votre intuition et ne prenez en compte que le mot qui résonne profondément en vous. Ainsi, si vous êtes célibataire, le sentiment de solitude peut être la prédiction qui vous correspond le mieux, alors que si vous êtes en couple et que votre relation bat de l'aile, les mots suffocation et mal-être seront plus adaptés.

Au-delà des mots, le plus important est que vous compreniez l'énergie de la prédiction afin de pouvoir obtenir une réponse à votre problématique.

À QUELLE FRÉQUENCE FAIRE UN TIRAGE ?

L'Oracle de la Bonne Aventure est un oracle prédictif qui vous donne des indications sur une situation à l'instant T. Ainsi, vous pouvez, de façon régulière, réaliser un tirage flash ou un tirage des cinq prédictions de la bohémienne. Je vous déconseille cependant de poser la même question trop fréquemment. L'idéal est d'espacer vos tirages de trois semaines s'ils concernent la même problématique.

SI JE FAIS UN TIRAGE POUR UN AMI, QUI DOIT CHOISIR LE CORNER DE LA CARTE ?

Si la personne à qui vous souhaitez faire le tirage est là, il est préférable que ce soit elle qui choisisse la carte et le corner. En revanche, si vous réalisez un tirage à distance ou par téléphone, concentrez-vous sur l'énergie de la personne afin d'être en mesure de faire le tirage à sa place.

COMMENT FAIRE UN TIRAGE FLASH ?

Battez les cartes tout en prononçant votre question à voix haute et demandez un éclaircissement de votre situation. Étalez votre oracle, puis attrapez l'une des cartes par un corner. Reportez-vous ensuite au livre pour connaître la prédiction.

EXEMPLE DE QUESTION

« Est-ce que mon ex-petit ami Louis pense encore à moi ? »

Votre tirage vous donne la carte du passé et vous l'avez attrapée par le corner de la croix. La prédiction sera donc :

« blocage sentimental et énergétique dans le passé/difficulté de lâcher/prostration ».

Cela signifie que Louis rencontre des difficultés à avancer depuis que vous n'êtes plus dans sa vie et qu'il pense toujours à vous. Vous pouvez alors reformuler une seconde question pour obtenir plus de détails, tels que : « Dois-je le recontacter ? » ou « Notre couple pourrait-il fonctionner si on se remettait ensemble ? »

COMMENT FAIRE LE TIRAGE DES CINQ PRÉDICTIONS DE LA BOHÉMIENNE ?

Je vous conseille d'utiliser le foulard en soie que vous trouverez dans le coffret, pour une raison très simple : les cinq doigts de la bohémienne vous indiquent le corner que vous avez choisi, ce qui vous permettra de ne pas vous tromper une fois que toutes les cartes seront posées.

Avec ce tirage, vous allez recevoir, non pas une, mais cinq prédictions, ce qui vous offrira une vue d'ensemble de la situation : les cinq prédictions vous permettront d'assembler le puzzle et d'obtenir une réponse complète que vous pourrez laisser infuser au fil des jours et des semaines à venir.

Pour débuter ce tirage, posez votre question et choisissez cinq cartes que vous placerez une à une sur le foulard, en prenant soin que chaque corner que vous avez choisi soit en direction d'un doigt de la bohémienne. Je vous conseille de prendre un carnet et de noter chaque prédiction tout au long du tirage, afin d'être en mesure de faire une synthèse de vos cinq réponses à la fin. Comme vous le savez, la bonne aventure est un mélange de prédictions et d'intuition qui vous permettront d'avoir une vue d'ensemble de la situation et d'orienter votre choix quant au chemin à emprunter ou pas.

EXEMPLE DE QUESTION

« Est-ce que l'association avec Mathilde va m'être favorable professionnellement ? »

Les cinq cartes tirées

La justice avec le corner du vent

Retard et complications pour faire valoir ses droits.

La confiance avec le corner de la croix

Intérêts dissimulés/fausse amitié ou fausse romance.

Le voleur de l'âme avec le corner du vent

Risque de mensonges/agissements contre votre intérêt.

Le puits avec le corner de la main de Dieu

Blocage pour le mieux/protection pour une meilleure destinée.

Le présage avec le corner de la croix

Danger/risque/désillusions/déficit.

Une fois que vous aurez synthétisé vos cinq prédictions, vous recevrez une réponse concrète : en l'occurrence, l'association est fortement déconseillée, car il semblerait que non seulement le projet ne vous soit pas propice, mais également qu'il y ait un abus de confiance de la part de Mathilde.

COMMENT FAIRE LE TIRAGE DES CINQ SECRETS DE LA BOHÉMIENNE ?

Cette version un peu plus élaborée est à destination des personnes qui souhaitent approfondir leur tirage : chaque doigt de la bohémienne vous apporte une précision contextuelle de la prédiction.

LE POUCE : LA PRÉDICTION IMMÉDIATE

Cette prédiction concerne quelque chose qui se passe à l'instant T ou qui va arriver très prochainement. Elle permet de situer les événements par rapport à la problématique présente.

L'INDEX : L'ÉLÉMENT PERTURBATEUR

Cette prédiction indique l'élément qui va faire basculer votre problématique du côté positif ou négatif. Accordez toute votre attention au message, il sera déterminant pour prendre la bonne décision.

LE MAJEUR : LES CHOSES CACHÉES

Cette prédiction vous précise que votre problématique est en lien avec une personne qui ne vous dit pas tout ou vous cache des éléments relatifs à un projet en cours, des choses dont vous devez vous méfier, ou que vous allez apprendre mais dont vous ignorez l'existence à l'heure actuelle.

L'ANNULAIRE : LA BONNE ÉTOILE

Cette prédiction vous indique les éléments qui iront dans votre sens et qui vous permettront d'obtenir une issue favorable à votre situation. Si cette carte est négative et qu'elle est située sur l'annulaire, alors la bonne étoile vous indique que les conséquences seront atténuées et que l'impact sera minime. Si la carte est positive mais que vous tirez une prédiction négative, ce qui va arriver de négatif sera, finalement, un mal pour un bien. Par exemple, si vous espérez la signature d'un contrat, et que la prédiction indique l'abandon d'un projet ou une non-signature, cela signifie que l'annulation de cette signature vous sauvera de problèmes bien plus grands que si elle avait eu lieu.

L'AURICULAIRE : LA PRÉDICTION FUTURE

Cette prédiction concerne l'avenir, elle vous donne une indication sur des événements qui se réaliseront dans un temps un peu plus lointain.

L'ORACLE DE
La Bonne Aventure
LES CHOSES CACHÉES
L'ÉLÉMENT PERTURBATEUR
LA BONNE ÉTOILE
LA PRÉDICTION IMMÉDIATE
LA PRÉDICTION FUTURE

COMMENT FAIRE UN TIRAGE CLASSIQUE ?

Si vous préférez faire un tirage plus traditionnel (tirage de *L'Oracle des Medeores*), le tirage classique vous permettra de recevoir une réponse directe à votre question en consultant le message écrit sous chaque carte dans le livret.

Pour débuter ce tirage, mélangez les cartes et étalez-les devant vous de manière qu'elles forment un arc de cercle. Posez votre question, tirez quatre cartes et disposez-les comme sur le schéma ci-après.

EXEMPLE DE QUESTION

« Est-ce que je peux redonner une chance à Nicolas ? »

Les quatre cartes tirées

3

1

2

4

Chaque carte possède une position significative

1. **L'état actuel de la situation ou de la problématique :** cette carte vous donne des indications sur les énergies et les événements du moment.
2. **Les forces opposées :** cette carte vous indique tout ce qui n'ira pas en votre faveur dans l'évolution de votre problématique.
3. **Les forces divines :** cette carte vous indique ce que vous ne contrôlez pas et qui adviendra quoi que vous fassiez. Elle peut être positive ou négative.
4. **La réponse :** cette carte vous donne la réponse à votre question.

Votre prédiction

Des mensonges et des secrets génèrent des doutes et font que cette relation est vouée à l'échec.

LES PRÉDICTIONS DE LA BOHÉMIENNE, PAR CARTE ET PAR CORNER

1. LA JUSTICE

La justice divine remettra les choses dans le droit chemin.

Retard et complications pour faire valoir ses droits

Victoire et gain de cause

Situation qui se débloque lentement mais sûrement

Victoire sabotée injustice

2. L'ATTENTE

Il y aura des retards, des lenteurs ou des silences.

Retard accumulé • nouveaux blocages • lenteur

Nouvelle à venir qui débloquera la situation

Déblocage très rapide • changements proches

Situation totalement bloquée • non-avancement

3. LA BONNE NOUVELLE

Vous allez recevoir une réponse favorable.

Nouvelle mitigée • ce n'est pas la réponse attendue • déception

Bonne nouvelle • grosse avancée

Un message ou courrier positif à venir

Absence de communication • silence • absence

4. LE MAUVAIS ŒIL

Vous êtes la cible de jalousie et de commérages.

Entourage douteux, envieux • jalousie

Protection contre le mauvais œil

Période propice aux bonnes énergies

Jalousie et mauvaises pensées autour de vous

5. L'AMOUR

Un amour sincère et authentique existe.

Sentiments fluctuants • indécision • éloignement

Relation prometteuse • longue durée • sincérité

Épanouissement plus profond • sentiments renforcés

Non-réciprocité • non-engagement • recul • indifférence

6. LA CONFIANCE

La confiance est de rigueur.

Proche à qui ne pas tout confier • confidentialité non assurée

Personne sincère et investie

Proche sérieux • personne de confiance • fiabilité

Intérêts dissimulés • fausse amitié ou fausse romance

7. LA MISE EN GARDE

Méfiez-vous des personnes concernées par la prédiction.

Faux bond • personne non fiable

Protection contre les personnes fausses et mal intentionnées

Mise à l'écart d'une personne louche • fausse camaraderie déjouée

Personne toxique ou manipulatrice • mal intentionnée

8. LE VOLEUR DE L'ÂME

Un homme se joue de vous et vous attirera des soucis ou vous trahira.

Risque de mensonges • agissements contre votre intérêt

Capacité de voir les traîtres • les masques tombent

Relation saine • confiance de mise

Trahison d'un proche • vérité cachée

9. LE RETOUR DE BÂTON

Un retour de karma est à craindre,
pour vous-même ou pour la personne concernée.

Sentiment d'injustice • ennemis qui se pavanent • non-équité

Gain de cause après avoir été trahi • humiliation • retour de karma chez l'autre

Karma épuré • bonnes énergies

Retour de karma • leçon à apprendre • faire son mea-culpa

10. L'ABONDANCE

Une situation très positive se présente.

Gain instable • gain et perte • va-et-vient • inconstance

Abondance totale

Opportunité • cadeau • signature tombée du ciel

Abondance bloquée

11. L'ENGAGEMENT

Vous allez pouvoir vous engager ou signer des contrats favorables.

Non-prise de position • neutralité • refus d'avancer • stagnation

Proposition d'évolution : grade • déménagement • fiançailles

Engagement fort • contrat • mariage • enfant

Engagement bloqué • désistement • recul

12. LA DESTINÉE

Les événements à venir sont écrits dans votre chemin de vie.

Étape non significative sur le chemin de vie • choix non décisifs

Bon chemin • alignement

Étape nécessaire pour l'évolution • choix décisif • croisée des chemins

Mauvaise route • désalignement

13. LA SURPRISE

Des événements auxquels vous ne vous attendiez pas vont se manifester.

Imprévu • situation rocambolesque

Bonne surprise • étonnement • émotions

Revirement de situation favorable • chance

Mauvaise surprise • déception • colère

14. L'AMIE

Une amie de confiance est présente auprès de vous.

Copine amusante • légèreté • pas de liens profonds • amusement

Amie sincère • lien d'âmes fort

Amitié sur laquelle se reposer • service et empathie • amitié de passage mais fiable

Amie feignant l'écoute et l'aide • manque de sincérité • amitié nuisible • confiance trahie

15. L'ENNEMI

Une personne proche est hypocrite et ne vous porte pas dans son cœur.

Fausses excuses • tentative de retour non sincère

Protection contre un ennemi nuisible et hargneux

Mise à plat • réconciliation • pardon accepté

Férocité • envie de nuire • comportement déloyal

16. LA BOULE DE CRISTAL

Votre intuition est juste concernant une situation ou une personne.

Difficulté à savoir si la situation ou la personne est fiable • intuition bloquée

Bon feeling • sensation de fluidité • bonnes énergies

Intuition positive concernant la personne ou la situation

Mauvaise intuition • mauvais ressenti • se méfier

17. LES RÉPONSES

Vous allez recevoir une réponse favorable prochainement.

Réponse mitigée • fuite • réponse floue

Réponse positive à venir

Situation qui se débloque • dénouement proche

Communication bloquée • silence • attente

18. L'APOGÉE

Votre situation va évoluer de façon extrêmement positive.

Succès à venir mais des lenteurs • progression patiente

Succès immense à venir • victoire • célébration • fête

Déblocage d'une situation • début de réussite mais encore mitigée

Réussite bloquée • barrage • mauvais timing

19. LES PERTES

Votre situation risque de tourner en votre défaveur.

Difficulté à maintenir les réussites • pertes fréquentes et minimes qui ralentissent

Protection contre les pertes • dégâts évités ou insignifiants

Fin d'une période de pertes • début d'une période propice

Pertes • vol • accident • dégâts matériels

20. L'ACCÉLÉRATION

Une situation jusque-là bloquée va rapidement se dénouer.

Faux départ • fausse joie

Coup de pouce • accélération positive des événements

Bonne lancée • sentiment d'exaltation • propulsion

Arrêt total • impuissance • incapacité de choisir

21. LA RUMEUR

Des personnes proches colportent des rumeurs sur vous.

Entourage propageant des rumeurs • secrets dévoilés

Vérités qui éclatent au grand jour • secrets déchus • vrais visages des faux amis dévoilés

Bonne réputation • succès mérité • bouche-à-oreille • recommandations

Réputation entachée • reproches causant des pertes ou une détérioration de l'image

22. LE CHAMBOULEMENT

Un changement soudain et inattendu va se produire.

Projets avortés • risque d'abandon d'une relation ou d'un projet

Bouleversement ayant des répercussions positives pour soi • un mal pour un bien

Sentiment ou projet naissant subitement • élan d'intérêt envers vous

Imprévu • regret d'avoir agi • reproche à soi-même

23. L'ESPOIR

Vos souhaits seront entendus, vous recevrez de l'aide.

Paroles en l'air • embellissement de la vérité • beau parleur

Promesses qui seront tenues • patience • courage

Basculement à venir • espoir fondé • cœur sûr de lui

Couper les attentes • espoir vain • peine perdue

24. LA PRISON

Risque d'être accusé ou de devoir rendre des comptes à la suite d'attaques.

Suffocation • mal-être • sentiment de solitude

Sortie d'une longue période d'enfermement • renaissance • reconnexion des liens

Amélioration de son entourage • tri • cercle vertueux

Cloisonnement • impasse • pas de solution ou d'amélioration possible

25. LE SABLIER

Le temps jouera en votre faveur ou en votre défaveur selon le positionnement des autres cartes.

Besoin de contrôle • obsession d'avoir ou de faire • attitude bloquant la fluidité divine

Projet et relation lancés à toute vitesse • opportunités multiples et à fort potentiel

Temps jouant en votre faveur • lâcher-prise • timing parfait de la destinée

Lenteur • patience accrue • projet et relation au point mort

26. L'INCERTITUDE

Vous baignerez dans l'indécision concernant votre problématique.

Message flou • personne pas sûre de sa réponse • regret de l'avoir dit ou envoyé

Réponses attendues qui arrivent • joie • soulagement

Guidance intérieure puissante • bonnes décisions • bons augures pour la suite

Décision tronquée • hésitations • regrets • réflexions profondes

27. LE PASSÉ

Un élément du passé va resurgir,
à prendre en compte dans la situation actuelle.

Retour d'une personne du passé qui n'a pas changé • mauvaises intentions • retour à la case départ

Renouveau et nouvelle chance concernant une personne ou une situation du passé

Retour d'une personne du passé • réconciliation • paix • pardon

Blocage sentimental et énergétique dans le passé • difficulté de lâcher • prostration

28. LE BOHÉMIEN

Cette carte désigne une personne de sexe masculin autour de vous.

Homme instable • changeant • incertain

Homme de cœur • lien d'âmes

Homme sûr • de confiance • fiable

Homme de mauvaise influence • mauvaises intentions

29. LA BOHÉMIENNE

Cette carte désigne une personne de sexe féminin autour de vous.

Femme instable • changeante • incertaine

Femme de cœur • lien d'âmes

Femme sûre • de confiance • fiable

Femme de mauvaise influence • mauvaises intentions

30. LE VERDICT

Vous allez recevoir une réponse déterminante prochainement.

Décision rendue mitigée • victoire en demi-teinte ou échec non cuisant

Décision rendue en votre faveur

Décision rendue décevante • attentes non comblées

Décision rendue qui n'est pas en votre faveur

31. L'OUBLI

Un projet n'est pas pris au sérieux ou une personne ne pense pas à vous.

Difficulté à aller de l'avant • difficulté à oublier une personne dans son cœur

Retour d'une personne à qui l'on pense • proposition annulée ou manquée qui se représente

Prise de décision de passer à autre chose • aller de l'avant • oublier

Personne qui est passée à autre chose • projet annulé

32. LES ÉMOTIONS

Des émotions fortes s'expriment dans la situation actuelle.

Sentiment de perdition • difficulté à trancher • brouillard interne

Sérénité • sentiment de quiétude • état interne calme

Exaltation • bien-être • puissance intérieure qui irradie

Repli sur soi • négativité • refus d'aller de l'avant • autosabotage

33. LE VOYAGE

Un déplacement ou un voyage aura lieu prochainement.

Déplacement incertain ou retardé • péripéties de voyage

Déplacement positif ou voyage • liberté

Déplacement ou voyage bénéfique prévu

Déplacement impossible • mise à pied • incapacité de bouger

34. LE PUITS

La situation est sans issue et risque d'être bloquée un petit moment.

Blocage externe • impuissance passagère • état d'attente

Blocage pour le mieux • protection pour une meilleure destinée

Déblocage lent • capacités ou financements accordés

Incapacité • volonté nulle • épuisement • banqueroute

35. LA FATALITÉ

Quelles que soient vos actions, le résultat sera défavorable.

Procrastination • relâche • manque d'implication

Seconde chance • rebondissement • miracle

Espoir • regain • combativité • force

Échec • abandon • faillite • perte

36. LA FAMIGLIA

Cette carte représente un membre de votre famille.

Famille absente • éloignement • manque de soutien • déception

Fraternité familiale • soutien • entraide • écoute

Reconnexion familiale • repas • convivialité • présence accrue

Rupture familiale • non-dits qui éclatent • jalousie

37. LA VIEILLE BOHÉMIENNE

La sagesse est de mise pour régler votre problématique.

Immaturité • personne influençable • manque de confiance en soi

Sagesse et humilité • décisions pesées et réfléchies

Personne fiable • parole respectable • conseils avisés • intérêt sincère

Manque de présence d’esprit • feu follet • réflexion non posée • impulsivité

38. LE PRÉSAGE

Une mauvaise nouvelle est à venir.

Paroles en l'air • illusions • intérêts déguisés

Réussite • bonne fortune • protection

Bonne étoile • intuition juste • bonne voie

Danger • risque • désillusions • déficit

39. LES PEURS

Blocage dû à des peurs profondes.

Besoin d'assurance • preuves • vigilance avant signature ou engagement

Peur infondée • sérénité • justesse

Lâcher les peurs • environnement sain • confiance

Peur justifiée • mauvaise décision • mauvais conseil

40. LA MOISSON

Cette carte indique le trimestre en cours.

Délai incertain • imprévisibilité • délais non respectés

Événement proche • mois en cours • réponse urgente

Événement proche • trimestre en cours • attente relative

Délai annulé ou totalement reporté • annulation

41. L'HARMONIE

Quelles que soient vos actions, le résultat sera favorable.

État intérieur incertain • vague à l'âme • résistance

État d'équilibre • bien-être • positivité

État de paix • joie • relations harmonieuses

État intérieur néfaste • relations délétères • disputes • incompréhension

42. L'ATTRACTION

Une attraction forte et réciproque entre deux personnes.

Attraction partagée • autres partenaires en vue • dispersion

Attraction partagée • complicité • sensualité

Attraction naissante • intérêt grandissant • retour d'intérêt

Attraction non réciproque • désintérêt

43. LE DUEL

Une dispute ou un litige est latent ou va bientôt se déclarer.

Relation en statu quo • fierté • non-volonté de réparer

Réconciliation

Excuses après une dispute • discussion posée • mise à plat

Grosse dispute • incompréhension • colère • fracas

44. L'ARRÊT

Une relation, un projet ou un contrat va s'arrêter.

Personne ou situation qui s'éloigne • désir de réponses • silence • manque de franchise

Séparation bénéfique • éloignement positif

Pause bénéfique • break • contrat qui s'achève

Rupture • fin de contrat • coupure • éloignement

45. L'ATELIER

Cette carte représente votre vie professionnelle.

Période modérée • l'esprit ailleurs qu'au travail • envie de profiter

Propulsion dans l'entreprise • promotion • gain de clients ou de ventes

Ressources pour évoluer au travail • ingéniosité • efficacité

Situation professionnelle compliquée • hiérarchie ou clientèle insatisfaite • chiffre d'affaires en baisse

46. LA DESTINATION

Vous allez atteindre votre objectif.

Incertitude sur le bon choix à faire • prostration • repli sur soi

Bon choix • déblocages en cascade • apaisement

Affirmation de soi • confiance • choix sûrs et affirmés

Mauvais choix • risque de perte • regrets

47. LE SECRET

Des choses ne vous sont pas totalement révélées.

Paroles pas franches • demi-vérité • réalité modifiée

Découverte d'un secret • langues déliées • aveu

Secret utile pour votre cheminement • piston • coup de pouce

Secret caché • mensonges • trahison

48. L'ÉVEIL

Alignement avec votre chemin de vie et votre spiritualité.

Irrégularité • mental trop présent • fuite dans la routine

Loi de l'attraction • ouverture du troisième œil • exploration

Intuition puissante • alignement

Piétinement spirituel • ego • enfermement • entêtement

49. LES ÉCUS

Cette carte représente vos finances.

Perte de contrats • rentrée d'argent annulée ou retardée

Renflouement • opportunité de gagner une somme d'argent

Stabilité • promotion • rentrée d'argent inattendue

Perte financière • factures inattendues • impayés • dettes

50. LE COUP DU SORT

Cette carte représente la malchance.

Période de stagnation • immobilité • abattement

Rencontre du grand amour • contrat • naissance • succès

Période fertile • propositions • opportunités

Épreuves difficiles à surmonter • maladie • séparation • deuil

CONCLUSION

J'espère que cet oracle vous aidera à éclaircir vos pensées et à confirmer vos ressentis sur des personnes ou des projets sur lesquels vous avez des doutes. Avec de la patience, vous parviendrez à créer un lien avec votre oracle et à développer une vibration fluide dans vos tirages au fil du temps.

Merci pour votre confiance renouvelée,

Stéphanie

À PROPOS DE L'AUTEURE

Depuis de nombreuses années, Stéphanie Abellan est thérapeute spécialisée dans la libération et le nettoyage des mémoires cellulaires. Artiste intuitive et inspirée, elle a créé la ligne de bijoux Medeores, aux multiples bienfaits sur les maux du corps et de l'âme. Elle propose également des soins énergétiques ainsi que des cours en ligne sur son site Internet. Elle est l'auteure d'une collection de récits d'éveil pour les enfants, « Les contes d'Ankaa », de deux romans, ainsi que de nombreux livres et coffrets à succès dans le domaine du développement personnel.

www.lesmedeoresdankaa.fr
@lesmedeoresdankaa
Les medeores d'Ankaa

À PROPOS DE L'ILLUSTRATRICE

Chloé Cres, talentueuse illustratrice et graphiste, célèbrent les femmes et la sororité.

Elle partage ses créations sur son site et sur Instagram :

chloecres.com
@chloecres

pca
cmb
édition pré-presse
livres numériques

44400 Rezé